Comprendre et gérer les personnes toxiques

Guide pour préserver votre bien-être

Alexandre Lavoie

Comprendre et gérer les personnes toxiques

Guide pour préserver votre bien-être

Editions VLR

© Éditions VLR
Auteur : Alexandre Lavoie
Préface : Hût Chi B. Répa

ISBN : 9798326490605
Dépôt légal : 05/2024

Alexandre Lavoie

Alexandre Lavoie, un homme de 38 ans, incarne parfaitement la résilience et la transformation personnelle. Son parcours est une source d'inspiration pour quiconque cherche à surmonter les obstacles imposés par des relations toxiques et à découvrir la voie de l'épanouissement personnel.

La vie d'Alexandre n'a pas toujours été facile. Comme beaucoup, il a été confronté à des relations toxiques qui ont entravé sa croissance personnelle et professionnelle. Pendant des années, il a subi les effets dévastateurs de ces relations, absorbant les critiques, les manipulations et les comportements destructeurs qui ont miné sa confiance en lui et sa joie de vivre. Cette période sombre de sa vie était marquée par le doute, l'anxiété et un profond sentiment d'impuissance.

Cependant, tout a changé le jour où Alexandre a pris conscience de l'importance cruciale de s'éloigner des personnes toxiques. Ce moment de lucidité a été le tournant décisif de sa vie. En choisissant de se libérer des influences négatives, Alexandre a fait un bond en avant, déclenchant une transformation radicale. Il a commencé à se concentrer sur son bien-être, à établir des limites saines et à rechercher des relations basées sur le respect et la bienveillance.

Avec une détermination renouvelée, Alexandre a entrepris un voyage de guérison et de redécouverte de soi. Il a exploré des pratiques de pleine conscience, de méditation et d'exercice physique pour renforcer sa résilience émotionnelle. Alexandre a également investi du temps dans l'apprentissage de nouvelles compétences et dans des activités qui le passionnaient, retrouvant ainsi sa confiance et son sens de la réalisation personnelle.

Ce chemin vers l'épanouissement a porté ses fruits de manière spectaculaire. Alexandre a non seulement retrouvé sa joie de vivre, mais il a également commencé à exceller dans sa carrière et à tisser des relations profondément enrichissantes. Sa transformation personnelle est devenue une source d'inspiration pour ceux qui l'entouraient, faisant de lui un modèle de courage et de détermination.

Fort de son expérience, Alexandre a décidé de partager son parcours et les leçons qu'il a apprises en écrivant ce livre. Son objectif est d'aider les autres à reconnaître les dynamiques toxiques dans leurs propres vies et à trouver la force de s'en libérer. En offrant des outils pratiques et des stratégies éprouvées, Alexandre espère guider ses lecteurs vers un avenir plus sain, plus heureux et plus épanouissant.

L'histoire d'Alexandre Lavoie est un puissant témoignage de la capacité de chacun à surmonter les adversités et à se transformer. Son parcours est une invitation à prendre conscience des influences négatives, à se protéger et à embrasser pleinement la vie. En suivant son exemple, vous pouvez vous aussi découvrir la liberté et la joie de vivre qui viennent avec la libération des relations toxiques.

"Les personnes toxiques sont comme des nuages noirs : une fois qu'elles disparaissent, le soleil peut enfin briller à nouveau dans votre vie."

Alexandre Lavoie

Table des matières

Préface

"Il n'y a rien de noble à supporter la toxicité ; il y a de la sagesse à choisir la paix intérieure."

Je m'appelle Hût Chi B. Répa. Bien que le monde me connaisse comme chef d'entreprise, consultant passionné et business coach, je préfère me voir comme un explorateur dans l'immensité des terres entrepreneuriales. Depuis plus de 27 années, j'ai évolué dans l'arène des affaires, façonnant ma vision, aiguisant mon intuition, et approfondissant ma compréhension des nombreuses facettes des entreprises. Ma passion pour le métier ne se décrit pas toujours en mots, elle se vit à travers chaque défi relevé, chaque stratégie développée, et chaque succès atteint.

Alexandre Lavoie, dans son ouvrage, nous offre une carte précieuse pour naviguer les eaux tumultueuses des relations humaines. Comme moi, il a découvert que la véritable réussite ne se mesure pas seulement en termes matériels ou chiffrés, mais également en termes de bien-être personnel, de paix intérieure, et de satisfaction profonde. En prenant conscience de l'impact des personnes toxiques sur notre vie, Alexandre nous guide vers une plus grande clarté et une résilience renouvelée.

Ce livre est bien plus qu'un simple guide. Il est le témoignage d'une transformation personnelle impressionnante. Alexandre a compris que pour avancer dans la vie, il était nécessaire de s'éloigner des influences négatives. Ce moment de prise de conscience a été le déclencheur d'un bond en avant, lui permettant de s'épanouir et de vivre pleinement. Son expérience est un phare pour tous ceux qui cherchent à comprendre, à guérir et à reconstruire.

L'approche d'Alexandre se distingue par son humanité et sa bienveillance. Il nous rappelle que chaque individu possède des idées, des ambitions et des rêves uniques. La réussite, selon lui, réside dans la capacité à surmonter les obstacles avec résilience et détermination. Il nous montre que la clé pour naviguer dans les complexités des relations humaines est de développer une écoute active, de poser des limites claires, et de pratiquer l'autocompassion.

La vision avant-gardiste que j'applique dans le monde des affaires trouve un écho profond dans l'approche d'Alexandre en matière de relations humaines. Tout comme dans le business, où la capacité à anticiper et à s'adapter est cruciale, savoir reconnaître et gérer les relations toxiques est essentiel pour maintenir un équilibre personnel et professionnel sain.

Chers lecteurs, en parcourant les pages de ce livre, vous découvrirez des outils précieux pour identifier les comportements toxiques, comprendre leurs impacts, et adopter des stratégies pour vous protéger et vous épanouir. Vous serez guidés à travers des exercices pratiques et des réflexions profondes qui vous aideront à reconstruire votre estime de soi et à établir des relations saines et positives.

Alexandre Lavoie ouvre ici son cœur et partage son voyage de transformation avec une sincérité désarmante. Il nous montre que, quelle que soit la profondeur des blessures causées par les relations toxiques, il est possible de guérir et de renaître plus fort et plus résilient.

Que ce livre soit pour vous une source de lumière, d'espoir et de renouveau. Embrassez le parcours qu'Alexandre vous propose, et permettez-vous de rêver, de guérir et de vous épanouir pleinement. Ensemble, marchons vers un avenir où la bienveillance, le respect et l'épanouissement personnel sont les véritables mesures de la réussite.

Avec toute mon admiration et mon respect,

Hût Chi B. Répa

Introduction

L'importance de prendre conscience des relations toxiques

Les relations humaines jouent un rôle central dans notre existence, influençant notre bonheur, notre bien-être et notre sentiment d'appartenance. Elles sont essentielles pour notre développement personnel et social, nous offrant soutien, amour et camaraderie. Cependant, toutes les relations ne sont pas bénéfiques. Certaines peuvent être profondément nuisibles, en particulier celles impliquant des personnes toxiques. Comprendre et reconnaître ces dynamiques toxiques est crucial pour préserver sa santé mentale et physique.

Qu'est-ce qu'une personne toxique ?

Une personne toxique est un individu dont les comportements et les attitudes nuisent au bien-être des autres. Ces comportements peuvent inclure la manipulation, l'égocentrisme, la critique constante, et un manque de considération pour les sentiments et les besoins des autres. Les personnes toxiques peuvent créer un environnement émotionnellement drainant et stressant, ce qui peut avoir des conséquences graves pour ceux qui interagissent avec elles. Elles ont souvent une capacité à provoquer des conflits, à diminuer l'estime de soi des autres, et à semer le doute et la confusion.

Pourquoi est-il crucial de les identifier ?

Identifier les personnes toxiques dans votre vie est une étape fondamentale pour se protéger et maintenir un équilibre émotionnel sain. Les relations toxiques peuvent engendrer un stress chronique, de l'anxiété, de la dépression, et d'autres problèmes de santé mentale. Ces impacts négatifs ne se limitent pas à la sphère émotionnelle, mais peuvent également se manifester physiquement, entraînant des troubles du sommeil, des maux de tête, et une fatigue constante. La reconnaissance de ces comportements nuisibles est le premier pas vers la mise en place de mesures pour se protéger.

La capacité à identifier une personne toxique permet de prendre conscience de l'origine de certains sentiments négatifs et de comprendre pourquoi certaines interactions nous laissent épuisés ou démoralisés. Cela ouvre également la voie à la mise en place de stratégies pour minimiser leur influence. En étant conscient de la toxicité, il devient possible d'établir des limites claires, de réduire les interactions ou même de se distancer complètement de ces individus.

Impact des personnes toxiques sur la santé mentale et physique

Les personnes toxiques peuvent gravement affecter notre santé mentale en sapant notre confiance en nous et en créant un climat constant de stress et de tension. Leurs critiques incessantes et leur comportement manipulateur peuvent éroder l'estime de soi, conduisant à un sentiment d'infériorité et de doute constant. Ces dynamiques peuvent également perturber la capacité à prendre des décisions claires, car la victime peut se retrouver à remettre en question son propre jugement et ses perceptions.

Sur le plan physique, le stress prolongé causé par une relation toxique peut entraîner une gamme de symptômes, notamment des troubles du sommeil, des maux de tête, des troubles digestifs et une fatigue générale. Le stress chronique a également été lié à des problèmes de santé plus graves, comme les maladies cardiovasculaires et un affaiblissement du système immunitaire. Ainsi, les effets néfastes des relations toxiques vont bien au-delà du simple inconfort émotionnel, touchant profondément la santé physique.

Stratégies pour se protéger

Savoir identifier les comportements toxiques est essentiel, mais il est tout aussi important de développer des stratégies pour s'en protéger. La mise en place de limites claires est une première étape cruciale. Cela implique de définir ce que vous êtes prêt à tolérer et de communiquer ces limites de manière assertive. Il est également vital d'apprendre à dire non et à ne pas se sentir coupable de le faire. Cela aide à maintenir un espace personnel sain et à éviter l'épuisement émotionnel.

En plus d'établir des limites, il est important de renforcer sa résilience émotionnelle. Cela peut se faire par le biais de pratiques de pleine conscience, de techniques de relaxation et d'activités de soin personnel qui favorisent le bien-être mental et physique. La méditation, le yoga, l'exercice régulier et la thérapie sont autant de moyens de renforcer votre résilience face aux comportements toxiques.

Se distancer physiquement des personnes toxiques peut également être nécessaire. Cela ne signifie pas toujours couper les liens définitivement, mais réduire les interactions et éviter les situations où vous vous sentez vulnérable ou attaqué. Parfois, la meilleure solution pour préserver son bien-être est de prendre ses distances, même temporairement, pour retrouver un sentiment de sécurité et de paix.

L'objectif de ce livre

Ce livre a pour objectif de vous fournir les outils nécessaires pour identifier, comprendre et gérer les relations avec des personnes toxiques. En suivant les chapitres de ce guide, vous apprendrez à reconnaître les comportements toxiques, à comprendre leurs causes, à évaluer leur impact sur votre vie et à adopter des stratégies pour préserver votre bien-être. La prise de conscience est la première étape vers la libération des influences négatives et la création de relations plus saines et plus positives.

En résumé, la prise de conscience des relations toxiques et de leurs impacts est une démarche essentielle pour protéger son bien-être. En reconnaissant les comportements nuisibles, en établissant des limites claires et en prenant soin de soi, il est possible de se libérer de l'emprise des personnes toxiques et de reconstruire une vie plus épanouissante et équilibrée. Ce livre vous guidera tout au long de ce processus, vous offrant les connaissances et les stratégies nécessaires pour naviguer avec succès dans vos relations et protéger votre santé mentale et physique.

"Les paroles des personnes toxiques sont des flèches empoisonnées ; apprenez à les esquiver pour préserver votre santé mentale."

Chapitre 1 : Qu'est-ce qu'une personne toxique ?

Les relations humaines sont essentielles à notre épanouissement, mais certaines interactions peuvent être profondément nuisibles. Comprendre ce qu'est une personne toxique, ainsi que les caractéristiques et les impacts de leurs comportements, est crucial pour préserver notre bien-être. Ce chapitre explore les différents aspects des personnes toxiques, en fournissant des exemples concrets et des stratégies pour les identifier et les gérer efficacement.

Définition et caractéristiques

Une personne toxique n'est pas nécessairement une mauvaise personne par nature, mais ses comportements et attitudes peuvent être nuisibles à ceux qui les entourent. Ces personnes se retrouvent dans toutes les sphères de la vie : au travail, dans les relations amicales, familiales et amoureuses. Leurs actions sapent souvent le bien-être des autres, parfois de manière inconsciente ou sans en assumer la responsabilité. Voici quelques caractéristiques communes des personnes toxiques :

Manipulateurs : Les manipulateurs utilisent la tromperie et la manipulation pour obtenir ce qu'ils veulent, souvent aux dépens des autres. Ils mentent, exagèrent ou minimisent les faits pour servir leurs intérêts. Par exemple, un manipulateur peut prétendre être malade pour éviter une responsabilité ou faire des promesses qu'il n'a pas l'intention de tenir. Ces comportements sont souvent motivés par un désir de contrôle ou de gain personnel.

Exemple concret : Marie a un collègue, Paul, qui prétend souvent être malade pour éviter les tâches difficiles. Il parvient à convaincre le reste de l'équipe de prendre en charge ses responsabilités, ce qui crée un déséquilibre et un sentiment d'injustice parmi les collègues.

Narcissiques : Les narcissiques sont centrés sur eux-mêmes et manquent d'empathie. Ils ont une estime de soi exagérée et cherchent constamment à attirer l'attention. Ils ont besoin de se sentir admirés et supérieurs aux autres. Par exemple, un narcissique peut interrompre les autres pour parler de ses propres réalisations et ignorer les besoins ou les sentiments des autres. Leur comportement peut être charmant au début, mais devient rapidement écrasant et épuisant pour leur entourage.

Exemple concret : Jean, un cadre supérieur, aime raconter ses réussites professionnelles lors des réunions, sans jamais écouter les contributions de ses collègues. Il minimise les succès des autres et se vante continuellement, créant un climat de travail désagréable.

Critiques constants : Les personnes critiques trouvent toujours quelque chose à redire et ne sont jamais satisfaites. Leur critique incessante peut miner la confiance en soi de leurs proches. Par exemple, un critique constant peut commenter négativement sur tout, du choix de vêtements de quelqu'un à ses performances professionnelles. Ce type de comportement crée un environnement négatif et stressant où les gens se sentent constamment jugés et insuffisants.

Exemple concret : Claire a une amie, Julie, qui critique constamment ses choix vestimentaires et ses décisions de carrière. Peu importe ce que Claire fait, Julie trouve toujours un défaut à souligner, ce qui affecte l'estime de soi de Claire.

Contrôlants : Les contrôlants veulent tout régenter et ne respectent pas les limites des autres. Ils utilisent la coercition, la manipulation ou la force pour imposer leur volonté. Par exemple, un partenaire contrôlant peut dicter ce que son conjoint doit porter, avec qui il peut parler et où il peut aller. Ce comportement crée une dynamique de pouvoir déséquilibrée où la personne contrôlée se sent piégée et impuissante.

Exemple concret : Marc est en couple avec Léa, qui dicte ses tenues vestimentaires et contrôle avec qui il peut interagir. Léa surveille également les activités de Marc, ce qui crée un sentiment de claustrophobie et de frustration chez lui.

Exemples de situations courantes

Au travail :

1. **Un collègue qui prend crédit pour votre travail :** Imaginez que vous avez travaillé dur sur un projet, et lors de la présentation, votre collègue s'approprie vos idées et votre travail. Cela non seulement vole votre reconnaissance mais diminue aussi votre moral et votre motivation. Ce type de comportement peut entraîner une atmosphère compétitive et hostile, où la confiance et la collaboration sont érodées.

Exemple détaillé : Sophie travaille dans une entreprise de marketing où elle a un collègue, Antoine, qui prend souvent crédit pour ses idées. Lors de réunions, Antoine présente les propositions de Sophie comme étant les siennes, ce qui fait que Sophie se sent invisible et non reconnue. Après plusieurs mois, Sophie commence à douter de ses compétences et hésite à partager ses idées.

1. **Un supérieur qui critique constamment votre travail :** Un chef qui ne reconnaît jamais vos efforts ou succès, mais qui est prompt à souligner chaque petite erreur, peut éroder votre confiance en vos compétences et rendre votre environnement

de travail toxique. Les critiques incessantes peuvent conduire à un sentiment d'insécurité et de stress chronique.

Exemple détaillé : Pierre a un supérieur, Jacques, qui ne manque jamais une occasion de pointer ses erreurs, même les plus insignifiantes, lors des réunions d'équipe. Jacques ne reconnaît jamais les succès de Pierre, ce qui affecte sérieusement la confiance en soi et la motivation de ce dernier.

Dans les relations amicales :

1. **Un ami qui vous rabaisse constamment :** Un ami qui fait des commentaires désobligeants sur vos choix de vie, vos accomplissements ou même votre apparence pour se sentir supérieur peut vous faire douter de vous-même et de votre valeur. Ces comportements peuvent créer une dynamique où vous vous sentez constamment jugé et insuffisant.

Exemple détaillé : Marc a un ami, Thomas, qui critique constamment ses choix de vie. Thomas fait des commentaires désobligeants sur le travail de Marc, ses relations et même ses hobbies. Marc se sent souvent dévalorisé après avoir passé du temps avec Thomas et commence à éviter de partager des aspects de sa vie avec lui.

1. **Un ami qui ne respecte pas vos limites :** Un ami qui vous appelle à des heures tardives sans considération pour votre emploi du temps montre un manque de respect pour vos limites personnelles, ce qui peut mener à des conflits et du stress. Ce comportement peut également affecter votre sommeil et votre bien-être général.

Exemple détaillé : Emma a une amie, Sophie, qui l'appelle régulièrement après minuit pour discuter de ses problèmes personnels. Malgré les nombreuses demandes d'Emma de limiter ces appels à des heures plus raisonnables, Sophie continue, ce qui affecte la qualité de sommeil et le bien-être d'Emma.

Dans la famille :

1. **Un parent qui utilise la culpabilité pour vous manipuler :**
   Par exemple, un parent peut dire : "Si tu m'aimais vraiment,
   tu ferais cela pour moi." Cette manipulation émotionnelle
   joue sur votre sens de l'obligation et de la culpabilité, vous
   poussant à faire des choses contre votre volonté. Cela peut
   créer une dynamique de contrôle et de ressentiment.

Exemple détaillé : Laura a une mère, Anne, qui utilise souvent la
culpabilité pour obtenir ce qu'elle veut. Lorsque Laura refuse de faire
quelque chose, Anne réplique par des phrases comme "Si tu étais une
bonne fille, tu le ferais pour moi", ce qui fait que Laura se sent obligée
de céder, malgré ses propres souhaits et besoins.

1. **Un membre de la famille qui critique vos choix de vie :**
   Un frère ou une sœur qui ne soutient jamais vos décisions et
   critique constamment vos choix peut créer un environnement
   familial négatif où vous vous sentez incompris et non
   soutenu. Ces critiques constantes peuvent miner votre
   confiance en vous et vos relations familiales.

Exemple détaillé : Julie a un frère, Paul, qui critique constamment ses
choix de carrière. Chaque fois qu'elle prend une décision importante,
Paul la dénigre, lui disant qu'elle fait une erreur, ce qui la fait douter de
ses propres capacités et de ses décisions.

Dans les relations amoureuses :

1. **Un partenaire qui essaie de contrôler vos choix :** Un
   partenaire qui veut dicter ce que vous portez, avec qui vous
   parlez ou où vous allez peut créer une relation où vous vous
   sentez piégé et sans autonomie. Ce comportement est

souvent un signe de jalousie excessive et de désir de contrôle.

Exemple détaillé : Léa est en couple avec Marc, qui veut décider de tout, de ses tenues vestimentaires à ses relations sociales. Marc impose des restrictions sur avec qui Léa peut sortir et où elle peut aller, ce qui réduit son autonomie et sa liberté.

1. **Un partenaire qui vous critique constamment :** Un partenaire qui vous fait constamment douter de votre valeur par des critiques incessantes peut gravement affecter votre estime de soi et votre bien-être émotionnel. Les critiques répétées peuvent éroder votre confiance en vous et créer une dynamique de relation toxique.

Exemple détaillé : Marie est en couple avec Jean, qui critique constamment ses choix vestimentaires, ses décisions professionnelles et même ses interactions sociales. Jean ne manque jamais une occasion de pointer les défauts de Marie, ce qui affecte sérieusement son estime de soi et son bien-être émotionnel.

Tableau des comportements toxiques

Type de Comportement	Description	Exemple
Manipulateur	Utilise la tromperie pour obtenir ce qu'il veut	"Si tu m'aimais vraiment, tu ferais cela pour moi."
Narcissique	Centré sur lui-même, manque d'empathie	"Je suis le meilleur, et les autres ne sont pas à ma hauteur."
Critique constant	Toujours négatif et critique	"Tu ne fais jamais rien de bien."
Contrôlant	Imposant, ne respecte pas les limites	"Tu devrais faire ce que je dis, sinon..."

Exercices pratiques

Identifier les comportements toxiques :
1. **Liste des personnes et de leurs comportements :**
    - Dressez une liste des personnes dans votre vie. Pour chaque personne, notez tout comportement qui vous fait sentir mal à l'aise, stressé ou diminué. Utilisez le tableau des comportements toxiques pour vous guider.
    - Exemple : Pour votre collègue Antoine, vous pourriez noter : "Prend crédit pour mon travail, répand des rumeurs."
    - Approfondissez votre réflexion en notant les impacts émotionnels et physiques de ces interactions. Par exemple, "Quand Antoine prend crédit pour mon travail, je me sens frustré et démotivé, ce qui affecte ma productivité."
2. **Réflexion sur les situations spécifiques :**
    - Réfléchissez à des situations spécifiques où ces comportements ont été manifestes. Écrivez en détail ce qui s'est passé, comment vous vous êtes senti et comment vous avez réagi.
    - Exemple : "Lors de la réunion du 5 mai, Antoine a présenté mes idées comme étant les siennes. Je me suis senti invisible et non reconnu. Je n'ai rien dit à ce moment-là par peur de conflit. Depuis, j'hésite à partager mes idées en réunion."

Journal de réflexion :

- **Consigner vos interactions quotidiennes :**
  - Tenez un journal où vous consignez vos interactions quotidiennes. Notez les interactions qui vous ont fait sentir bien et celles qui vous ont fait sentir mal. Essayez de comprendre les raisons derrière ces sentiments.
  - Exemple : "Aujourd'hui, j'ai eu une conversation avec ma sœur qui m'a fait sentir soutenu. En revanche, mon collègue Antoine a encore pris crédit pour mon travail, ce qui m'a frustré et démotivé."
  - Analysez vos émotions : Pour chaque interaction, notez les émotions ressenties (joie, frustration, colère, tristesse) et essayez de comprendre pourquoi vous avez ressenti cela. Cela vous aidera à identifier les comportements et situations spécifiques qui déclenchent des émotions négatives.

Études de cas approfondies

Étude de cas : Sophie et son collègue Antoine

Sophie travaille dans une entreprise de marketing où elle a un collègue, Antoine, qui prend souvent crédit pour ses idées. Lors de réunions, Antoine présente les propositions de Sophie comme étant les siennes, ce qui fait que Sophie se sent invisible et non reconnue. Après plusieurs mois, Sophie commence à douter de ses compétences et hésite à partager ses idées.

Analyse :

- **Comportement toxique :** Manipulation et manque de reconnaissance.

- **Impact :** Sophie se sent dévalorisée et hésite à partager ses idées, ce qui affecte sa performance et sa motivation au travail.
- **Solutions possibles :**
    - Sophie pourrait commencer à documenter ses contributions par écrit et à partager ses idées par email avec des collègues et supérieurs avant les réunions.
    - Elle pourrait aussi demander des réunions individuelles avec son supérieur pour discuter de ses contributions et de ses progrès.
    - Sophie pourrait bénéficier de développer des compétences en communication assertive pour aborder Antoine directement et lui faire part de ses préoccupations.

Étude de cas : Marc et son ami Thomas

Marc a un ami, Thomas, qui critique constamment ses choix de vie. Thomas fait des commentaires désobligeants sur le travail de Marc, ses relations et même ses hobbies. Marc se sent souvent dévalorisé après avoir passé du temps avec Thomas et commence à éviter de partager des aspects de sa vie avec lui.

Analyse :

- **Comportement toxique :** Critique constante et dévalorisation.
- **Impact :** Marc se sent dévalorisé et commence à éviter de partager sa vie, ce qui affecte sa confiance en soi et son bien-être émotionnel.
- **Solutions possibles :**

- o Marc pourrait établir des limites claires avec Thomas, en lui faisant savoir que ses critiques sont blessantes et non constructives.
- o Il pourrait chercher à entourer de personnes qui le soutiennent et valorisent ses choix et accomplissements.
- o Marc pourrait aussi envisager de réduire le temps qu'il passe avec Thomas pour protéger sa santé mentale.

Conclusion

Les comportements toxiques peuvent sérieusement affecter notre bien-être mental, émotionnel et physique. Identifier ces comportements chez les personnes qui nous entourent est la première étape pour se protéger et prendre des mesures appropriées. En reconnaissant les signes et en utilisant des stratégies pratiques, vous pouvez créer des limites saines, rechercher du soutien et renforcer votre résilience émotionnelle.

Prenez le temps de réfléchir à vos relations actuelles et identifiez celles qui peuvent être toxiques. Utilisez les exercices pratiques pour évaluer l'impact de ces relations sur votre vie et développer un plan pour améliorer votre bien-être. Souvenez-vous, vous méritez des relations qui vous élèvent et vous soutiennent.

Chapitre 2 : Les signes et les symptômes d'une relation toxique

Les relations toxiques peuvent être difficiles à identifier, surtout au début. Les comportements toxiques peuvent se manifester de manière subtile, puis s'intensifier progressivement, rendant la victime de plus en plus vulnérable. Il est crucial de reconnaître les signes avant-coureurs pour prendre des mesures préventives. Ce chapitre explore les indicateurs principaux des relations toxiques, en fournissant des exemples concrets et des exercices pratiques pour vous aider à évaluer vos relations.

Signes avant-coureurs des relations toxiques

Stress et anxiété constants : Lorsque vous êtes en présence d'une personne toxique, vous pouvez ressentir un stress et une anxiété constants. Ces sentiments se manifestent souvent par des symptômes physiques tels que des palpitations cardiaques, une boule dans l'estomac ou une tension musculaire. La simple anticipation de voir cette personne peut provoquer une nervosité excessive.
Exemple concret : Martine travaille avec un collègue, Jérôme, qui la critique constamment et la met sous pression. Chaque matin, avant d'aller au travail, Martine ressent une boule dans l'estomac et des palpitations cardiaques, signe d'une anxiété croissante liée à la présence de Jérôme.

Diminution de l'estime de soi : Les critiques répétées et le manque de soutien de la part d'une personne toxique peuvent vous faire perdre confiance en vos compétences et en vous-même. Vous commencez à douter de votre valeur et de vos capacités, ce qui peut affecter votre performance au travail, dans vos études ou dans vos relations personnelles.

Exemple concret : Claire a un ami, Thomas, qui critique constamment ses choix de vie. Peu importe ce que Claire fait, Thomas trouve toujours quelque chose à redire, ce qui la fait douter de ses décisions et de ses compétences.

Isolement : Les personnes toxiques peuvent utiliser des tactiques de manipulation pour vous éloigner de vos amis et de votre famille. Elles peuvent vous convaincre que les autres ne vous comprennent pas ou ne vous apprécient pas autant qu'elles, créant ainsi une dépendance émotionnelle et un isolement social.

Exemple concret : Julie est en couple avec Marc, qui la manipule pour qu'elle coupe les ponts avec ses amis et sa famille. Marc lui fait croire que ses amis ne l'aiment pas vraiment et que seule sa présence compte, isolant ainsi Julie de son réseau de soutien.

Sentiment de culpabilité : Les personnes toxiques peuvent utiliser des reproches et des accusations pour vous faire sentir responsable de leurs problèmes. Elles vous font porter la culpabilité de leurs échecs et de leurs difficultés, ce qui peut entraîner un sentiment de culpabilité chronique.

Exemple concret : Lucie a un partenaire, Jean, qui lui reproche constamment ses propres échecs. Il dit souvent à Lucie que c'est de sa faute s'il est malheureux ou si ses projets échouent, ce qui fait que Lucie se sent coupable et responsable des problèmes de Jean.

Exemples et études de cas

Étude de cas : Marie et son ami Paul

Marie a un ami, Paul, qui critique constamment ses décisions et minimise ses réussites. Au début, Marie pensait que Paul essayait de l'aider à s'améliorer. Cependant, elle a progressivement perdu confiance en elle et évite de parler de ses réussites par peur des critiques de Paul.

Analyse :

- **Comportement toxique** : Critique constante et dévalorisation.
- **Impact** : Marie se sent dévalorisée et hésite à partager ses réussites, ce qui affecte sa confiance en elle et sa motivation.
- **Solutions possibles :**
    - Marie pourrait confronter Paul et exprimer comment ses critiques la blessent.
    - Elle pourrait chercher à s'entourer de personnes qui la soutiennent et la valorisent.
    - Marie pourrait également travailler sur son estime de soi en se rappelant ses réussites et en se fixant des objectifs personnels.

Étude de cas : Amélie et son partenaire Jean

Amélie est en couple avec Jean depuis trois ans. Au début de leur relation, Jean était charmant et attentionné. Cependant, avec le temps, il a commencé à critiquer ses choix vestimentaires, à contrôler ses sorties et à lui faire des reproches constants. Amélie se sent anxieuse et stressée en permanence et commence à éviter ses amis et sa famille pour éviter les disputes avec Jean.

Analyse :

- **Comportement toxique** : Contrôle et critique constante.

- **Impact** : Amélie se sent isolée, anxieuse et stressée, ce qui affecte son bien-être émotionnel et social.
- **Solutions possibles :**
  - Amélie pourrait fixer des limites claires avec Jean concernant ses choix personnels.
  - Elle pourrait également chercher du soutien auprès d'amis, de la famille ou d'un thérapeute.
  - Amélie pourrait envisager de se retirer de la relation si Jean ne respecte pas ses limites et continue ses comportements toxiques.

Exercice pratique : Évaluation de vos relations

Dressez une liste des personnes dans votre vie et répondez aux questions suivantes pour chacune d'elles :

1. Est-ce que je me sens bien après avoir passé du temps avec cette personne ?
2. Est-ce que cette personne me soutient ou me critique constamment ?
3. Est-ce que je me sens stressé ou anxieux en présence de cette personne ?
4. Est-ce que cette personne respecte mes limites et mon espace personnel ?

Exemple détaillé :

- **Personne :** Antoine (collègue)
  - **Ressenti :** Je me sens stressé et frustré après avoir passé du temps avec Antoine.
  - **Soutien ou critique :** Antoine critique souvent mon travail et prend crédit pour mes idées.
  - **Stress ou anxiété :** Oui, je ressens une boule dans l'estomac avant nos réunions.

o   **Respect des limites :** Non, Antoine ne respecte pas mes limites et interfère constamment dans mon travail.

Tableau des signes avant-coureurs

Signe	Description	Exemple
Stress constant	Sentiment de nervosité en présence de la personne	Boule dans l'estomac, palpitations
Diminution de l'estime de soi	Doute de soi-même et de ses capacités	Hésitation à partager ses idées ou réussites
Isolement	Éloignement des amis et de la famille	Réduire les sorties sociales
Sentiment de culpabilité	Se sentir responsable des problèmes de l'autre	"C'est de ma faute si tu es en colère."

Exercices pratiques supplémentaires

Auto-évaluation de l'estime de soi :

- **Évaluez votre niveau d'estime de soi :** Utilisez une échelle de 1 à 10 pour évaluer votre niveau d'estime de soi. Notez les moments où vous vous sentez particulièrement bas et essayez de comprendre les déclencheurs.
- **Exemple :** Aujourd'hui, je me sens à 4 sur 10 en estime de soi parce que mon collègue a encore critiqué mon travail sans raison valable.

Création d'un plan de limites :

- **Écrivez un plan pour établir des limites claires :** Notez les comportements que vous n'accepterez plus et les conséquences que vous imposerez si ces limites sont franchies.

- **Exemple :** Si Antoine prend encore crédit pour mon travail, je vais en parler directement avec mon supérieur et documenter mes contributions.

Études de cas supplémentaires

Étude de cas : Pierre et son patron Nathalie
Pierre travaille dans une entreprise technologique où sa patronne, Nathalie, est très exigeante. Elle critique constamment le travail de Pierre, l'accuse de ne pas être assez performant et minimise ses efforts. Pierre se sent constamment stressé et commence à douter de ses compétences, ce qui affecte sa performance au travail.

Analyse :
- **Comportement toxique :** Critique constante et dévalorisation.
- **Impact :** Pierre se sent stressé et doute de ses compétences, ce qui affecte sa performance et sa motivation.
- **Solutions possibles :**
  - Pierre pourrait chercher du soutien auprès de collègues ou d'un mentor pour renforcer sa confiance en ses compétences.
  - Il pourrait aussi documenter ses réussites et ses contributions pour les présenter à Nathalie lors des évaluations de performance.
  - Si la situation ne s'améliore pas, Pierre pourrait envisager de chercher un environnement de travail plus sain.

Étude de cas : Laura et sa sœur Élise

Laura a une sœur, Élise, qui est très critique et contrôlante. Élise fait des commentaires désobligeants sur les choix de vie de Laura et essaie de la convaincre de suivre ses conseils. Laura se sent souvent coupable de ne pas suivre les recommandations de sa sœur et commence à éviter les réunions familiales pour éviter les confrontations.

Analyse :

- **Comportement toxique :** Critique constante et contrôle.
- **Impact :** Laura se sent coupable et commence à éviter les réunions familiales, ce qui affecte ses relations familiales et son bien-être émotionnel.
- **Solutions possibles :**
    - Laura pourrait établir des limites claires avec Élise, en lui expliquant que ses commentaires sont blessants et non constructifs.
    - Elle pourrait aussi chercher du soutien auprès d'autres membres de la famille ou d'un thérapeute pour renforcer sa confiance en ses choix.
    - Laura pourrait également envisager de limiter le temps qu'elle passe avec Élise pour protéger son bien-être émotionnel.

Conclusion

Reconnaître les signes avant-coureurs des relations toxiques est essentiel pour protéger votre bien-être mental, émotionnel et physique. En identifiant ces signes et en utilisant des stratégies pratiques, vous pouvez prendre des mesures pour vous protéger et améliorer vos relations. Prenez le temps de réfléchir à vos relations actuelles et identifiez celles qui peuvent être toxiques. Utilisez les exercices pratiques pour évaluer l'impact de ces relations sur votre vie et développer un plan pour améliorer votre bien-être. Souvenez-vous, vous méritez des relations qui vous élèvent et vous soutiennent.

Chapitre 3 : Les causes des comportements toxiques

Les comportements toxiques ne surgissent pas de nulle part. Ils peuvent être le résultat de diverses influences psychologiques et sociales qui façonnent la manière dont une personne interagit avec les autres. Comprendre les causes sous-jacentes des comportements toxiques peut aider à reconnaître ces traits chez les autres et à adopter des stratégies pour les gérer. Ce chapitre explore les facteurs psychologiques et sociaux qui contribuent aux comportements toxiques, en fournissant des exemples concrets et des études de cas.

Facteurs psychologiques et sociaux

Enfance et expériences passées : L'enfance joue un rôle crucial dans le développement des comportements. Une personne ayant grandi dans un environnement dysfonctionnel peut adopter des comportements toxiques comme mécanisme de défense. Par exemple, un enfant qui a appris à manipuler pour obtenir l'attention de ses parents peut continuer à utiliser cette stratégie à l'âge adulte. Les expériences de négligence, d'abus ou de favoritisme peuvent profondément affecter la manière dont une personne perçoit et interagit avec les autres.

Exemple concret : John a grandi dans une famille où l'amour et l'affection étaient conditionnels. Ses parents n'offraient leur attention que lorsqu'il réussissait ou lorsqu'il se comportait de manière exemplaire. Pour obtenir l'affection dont il avait besoin, John a appris à manipuler les situations à son avantage, en exagérant ses réussites ou en minimisant ses erreurs. À l'âge adulte, ce comportement est devenu une seconde nature pour lui, et il continue de manipuler les autres pour obtenir ce qu'il veut.

Troubles de la personnalité : Certains troubles de la personnalité, comme le narcissisme ou la sociopathie, peuvent conduire à des comportements toxiques. Les personnes atteintes de ces troubles peuvent manquer d'empathie, être égocentriques et manipuler les autres pour satisfaire leurs besoins. Ces troubles sont souvent enracinés dans des schémas de pensée et de comportement profondément ancrés, qui peuvent être difficiles à changer sans une intervention professionnelle.

Exemple concret : Claire, une femme qui a toujours été félicitée pour sa beauté et ses réussites académiques, a développé une estime de soi exagérée et une attente constante d'admiration de la part des autres. En grandissant, elle a eu du mal à maintenir des relations stables, car elle ne supporte pas les critiques et n'a que peu d'empathie pour les besoins des autres. Claire s'attend à être le centre d'attention et réagit de manière excessive lorsque ce n'est pas le cas.

Influences sociales : La société valorise parfois les comportements égocentriques et compétitifs, ce qui peut encourager certaines personnes à agir de manière toxique. Par exemple, dans certains environnements professionnels, la réussite personnelle est mise en avant au détriment de la collaboration et de l'empathie. Les médias et la culture populaire peuvent également glorifier des comportements manipulateurs ou agressifs, donnant l'impression que ces attitudes sont acceptables ou même nécessaires pour réussir.

Exemple concret : Sophie travaille dans une entreprise où la compétition est féroce et où seuls les résultats comptent. Dans cet environnement, elle a appris à être agressive et manipulatrice pour se démarquer et obtenir des promotions. Cette attitude a affecté ses relations personnelles, car elle a du mal à déconnecter du mode compétitif en dehors du travail.

Tableau des causes des comportements toxiques

Cause	Description	Exemple
Enfance dysfonctionnelle	Environnement familial négatif	Manipulation pour obtenir de l'attention
Troubles de la personnalité	Conditions psychologiques	Narcissisme, sociopathie
Influences sociales	Normes valorisant l'égocentrisme	Compétition extrême au travail

Exercices pratiques

Réflexion sur l'enfance et les expériences passées :
Prenez du temps pour réfléchir à votre propre enfance et à la façon dont elle a pu influencer votre comportement. Notez les moments clés et les leçons apprises qui ont façonné votre manière d'interagir avec les autres.

Exemple : Pensez à un moment de votre enfance où vous avez ressenti le besoin de manipuler une situation pour obtenir ce que vous vouliez. Notez ce qui s'est passé, comment vous vous êtes senti et comment cette expérience a pu influencer votre comportement actuel.

Évaluation des influences sociales :
Évaluez les environnements dans lesquels vous évoluez (travail, cercle social, famille) et identifiez les comportements valorisés. Réfléchissez à la manière dont ces valeurs peuvent influencer vos propres comportements et ceux des autres.

Exemple : Si vous travaillez dans un environnement très compétitif, réfléchissez à la manière dont cette atmosphère peut affecter vos interactions avec vos collègues. Notez les comportements que vous adoptez pour vous adapter à cette culture et comment ils impactent vos relations personnelles.

Études de cas supplémentaires

Étude de cas : Julien et son trouble de la personnalité borderline
Julien a été diagnostiqué avec un trouble de la personnalité borderline. Ce trouble se manifeste par une instabilité émotionnelle, une peur intense de l'abandon et des comportements impulsifs. Julien a du mal à maintenir des relations stables, car il passe rapidement de l'admiration à la dévaluation de ses proches, ce qui rend ses interactions toxiques.

Analyse :
- **Comportement toxique :** Instabilité émotionnelle et dévaluation.
- **Impact :** Julien éprouve des difficultés à maintenir des relations stables, car ses proches ne savent jamais à quoi s'attendre. Ses comportements impulsifs et ses changements d'humeur rapides créent une atmosphère de stress et d'incertitude.
- **Solutions possibles :**
    o Julien pourrait bénéficier de thérapie pour apprendre à gérer ses émotions et ses comportements impulsifs.
    o Il pourrait également travailler sur la communication ouverte avec ses proches pour expliquer ses difficultés et chercher leur soutien.

Étude de cas : Sophie et l'influence de son environnement professionnel

Sophie travaille dans une entreprise où la compétition est féroce et où seuls les résultats comptent. Dans cet environnement, elle a appris à être agressive et manipulatrice pour se démarquer et obtenir des promotions. Cette attitude a affecté ses relations personnelles, car elle a du mal à déconnecter du mode compétitif en dehors du travail.

Analyse :

- **Comportement toxique :** Agressivité et manipulation.
- **Impact :** Les relations personnelles de Sophie souffrent, car elle traite souvent ses amis et sa famille de la même manière qu'elle traite ses collègues. Ses proches se sentent utilisés et manipulés, ce qui crée des tensions et des conflits.
- **Solutions possibles :**
  - Sophie pourrait travailler sur la séparation de sa vie professionnelle et personnelle, en apprenant à adopter des comportements plus collaboratifs et empathiques en dehors du travail.
  - Elle pourrait également chercher du soutien professionnel pour gérer le stress et la pression de son environnement de travail, afin de réduire son besoin de compétition constante.

Conclusion

Les comportements toxiques peuvent être enracinés dans des facteurs psychologiques et sociaux complexes. Comprendre ces influences peut aider à reconnaître ces comportements chez les autres et à adopter des stratégies pour les gérer. Prenez le temps de réfléchir à vos propres expériences et environnements pour identifier les comportements toxiques et travailler à les surmonter. Utilisez les exercices pratiques pour évaluer l'impact de ces influences sur votre vie et développer des stratégies pour améliorer vos relations. Souvenez-vous, vous méritez des interactions saines et épanouissantes.

Chapitre 4 : L'impact des personnes toxiques sur notre bien-être

Les relations toxiques peuvent avoir des effets dévastateurs sur notre bien-être général. Les interactions fréquentes avec des personnes toxiques ne se contentent pas de nous épuiser émotionnellement, elles peuvent aussi avoir des répercussions profondes et durables sur notre santé mentale et physique. Comprendre ces effets est crucial pour prendre des mesures afin de se protéger et de retrouver un équilibre sain. Ce chapitre explore les différents impacts des relations toxiques, en fournissant des exemples concrets, des études de cas et des exercices pratiques.

Effets sur la santé mentale et physique

Stress chronique : Les interactions fréquentes avec des personnes toxiques peuvent entraîner un stress chronique. Ce stress se manifeste souvent par des symptômes physiques tels que des maux de tête, des troubles du sommeil, une fatigue constante, et d'autres problèmes de santé physique. Le stress chronique est également lié à des conditions plus graves comme l'hypertension, les maladies cardiaques et les troubles gastro-intestinaux.

Exemple concret : Anna travaille avec un collègue toxique qui critique constamment son travail et la met sous pression. Anna commence à souffrir de maux de tête fréquents et de troubles du sommeil, se sentant constamment épuisée même après une nuit de repos. Ces symptômes de stress chronique affectent sa capacité à se concentrer et à performer au travail.

Dépression et anxiété : Les critiques constantes et le manque de soutien peuvent conduire à des troubles de l'humeur. Les personnes se sentent souvent déprimées, anxieuses, et peuvent même développer des troubles de l'anxiété ou de la dépression. Les sentiments de tristesse, de désespoir et d'anxiété constante peuvent devenir accablants et nécessiter une intervention professionnelle.

Exemple concret : Julie est en relation avec un partenaire qui la critique constamment et la dévalorise. Elle commence à se sentir déprimée, perdant tout intérêt pour les activités qu'elle aimait auparavant. Julie ressent également une anxiété constante, craignant les interactions avec son partenaire.

Fatigue émotionnelle : Se sentir constamment sur la défensive peut être épuisant. La personne peut ressentir une fatigue émotionnelle intense, ce qui affecte sa capacité à fonctionner normalement. Cette fatigue peut se traduire par une diminution de la motivation, des difficultés de concentration et un sentiment général de désespoir.

Exemple concret : Marc vit avec un membre de la famille qui critique sans cesse ses choix de vie. Il se sent constamment sur la défensive et finit par éprouver une fatigue émotionnelle intense. Marc a du mal à se concentrer au travail et à trouver la motivation pour accomplir des tâches quotidiennes.

Conséquences à long terme

Les relations toxiques peuvent entraîner des conséquences durables sur la vie des individus affectés :

Estime de soi diminuée : Les critiques constantes peuvent éroder la confiance en soi. Les personnes peuvent commencer à douter de leurs compétences et de leur valeur, ce qui peut affecter leur performance dans divers aspects de leur vie. Une faible estime de soi peut conduire à des comportements d'auto-sabotage et à une réticence à saisir des opportunités de croissance personnelle et professionnelle.

Exemple concret : Émilie a une relation compliquée avec sa mère, qui est très critique et manipulatrice. Depuis son enfance, Émilie a été soumise à des critiques constantes sur son apparence, ses choix de vie et ses relations. À l'âge adulte, Émilie lutte avec une faible estime de soi et des troubles de l'anxiété. Elle a commencé à suivre une thérapie pour surmonter ces impacts et apprendre à établir des limites avec sa mère.

Isolement social : La personne toxique peut isoler sa victime de ses amis et de sa famille. Cet isolement peut rendre difficile la recherche de soutien et l'établissement de nouvelles relations. L'isolement social accroît la vulnérabilité de la victime, la rendant encore plus dépendante de la personne toxique.

Exemple concret : Laura est en couple avec un partenaire qui la manipule pour qu'elle coupe les ponts avec ses amis et sa famille. Son partenaire lui fait croire que les autres ne l'aiment pas vraiment et qu'il est le seul à se soucier d'elle. Laura se retrouve isolée, ce qui aggrave son sentiment de solitude et de dépendance émotionnelle.

Difficultés relationnelles futures : Après une relation toxique, il peut être difficile de faire confiance à nouveau. Les personnes peuvent craindre d'établir de nouvelles relations par crainte de revivre des expériences similaires. Cette peur peut conduire à l'isolement prolongé et à la solitude.

Exemple concret : Thomas travaille dans une entreprise de finance où il a un collègue, Jacques, qui est très compétitif et dévalorisant. Jacques critique constamment le travail de Thomas et essaie de le discréditer auprès de leurs supérieurs. Thomas se sent stressé et démotivé, ce qui affecte sa performance au travail. Il a décidé de chercher un nouveau poste dans un environnement plus sain pour préserver son bien-être.

Tableau des impacts négatifs des relations toxiques

Impact	Description	Conséquence à long terme
Stress chronique	Anxiété constante	Problèmes de santé physique
Dépression	Sentiment de tristesse et de désespoir	Troubles de l'humeur
Fatigue émotionnelle	Épuisement mental	Burnout et problèmes de concentration
Estime de soi diminuée	Doute de ses capacités	Diminution de la performance et de la satisfaction de vie
Isolement social	Éloignement des soutiens sociaux	Difficulté à trouver de nouvelles relations
Difficultés relationnelles futures	Peur de s'engager dans de nouvelles relations	Solitude et isolement prolongés

Exercices pratiques

Évaluation de l'impact sur la santé mentale :
- **Utilisez une échelle de 1 à 10 :** Évaluez votre niveau de stress, d'anxiété et de dépression. Notez les situations et interactions qui déclenchent ces sentiments et réfléchissez à des moyens de les atténuer.
  - **Exemple :** "Aujourd'hui, je me sens à 8 sur 10 en termes de stress parce que mon collègue a encore critiqué mon travail sans raison valable."

Stratégies de gestion du stress :
- **Apprenez des techniques de gestion du stress :** Essayez la méditation, la respiration profonde, l'exercice physique et les

loisirs créatifs. Pratiquez ces techniques régulièrement pour réduire votre niveau de stress.

- o **Exemple :** "Je vais commencer chaque journée par 10 minutes de méditation pour mieux gérer le stress au travail."

Renforcement de l'estime de soi :

- **Écrivez une liste de vos réalisations et qualités positives :** Relisez cette liste chaque fois que vous vous sentez dévalorisé pour renforcer votre confiance en vous.
  - o **Exemple :** "Je suis un excellent cuisinier et j'ai récemment organisé un dîner réussi pour mes amis."

Études de cas supplémentaires

Étude de cas : Émilie et sa relation toxique avec sa mère

Émilie a une relation compliquée avec sa mère, qui est très critique et manipulatrice. Depuis son enfance, Émilie a été soumise à des critiques constantes sur son apparence, ses choix de vie et ses relations. À l'âge adulte, Émilie lutte avec une faible estime de soi et des troubles de l'anxiété. Elle a commencé à suivre une thérapie pour surmonter ces impacts et apprendre à établir des limites avec sa mère.

Analyse :

- **Comportement toxique :** Critique constante et manipulation.
- **Impact :** Émilie souffre de faible estime de soi et d'anxiété, ce qui affecte son bien-être général.
- **Solutions possibles :**

- o Émilie pourrait travailler avec un thérapeute pour renforcer son estime de soi et apprendre des techniques de gestion de l'anxiété.
- o Elle pourrait également établir des limites claires avec sa mère pour réduire les interactions toxiques.

Étude de cas : Thomas et son collègue toxique

Thomas travaille dans une entreprise de finance où il a un collègue, Jacques, qui est très compétitif et dévalorisant. Jacques critique constamment le travail de Thomas et essaie de le discréditer auprès de leurs supérieurs. Thomas se sent stressé et démotivé, ce qui affecte sa performance au travail. Il a décidé de chercher un nouveau poste dans un environnement plus sain pour préserver son bien-être.

Analyse :

- **Comportement toxique** : Critique constante et dévalorisation.
- **Impact :** Thomas se sent stressé et démotivé, ce qui affecte sa performance et son bien-être.
- **Solutions possibles :**
    - o Thomas pourrait documenter ses réussites et ses contributions pour contrer les critiques de Jacques.
    - o Il pourrait aussi chercher du soutien auprès de collègues bienveillants ou d'un mentor.
    - o En dernier recours, il pourrait envisager de changer d'emploi pour trouver un environnement de travail plus positif.

Conclusion

Les relations toxiques peuvent avoir des effets dévastateurs et durables sur notre santé mentale et physique. Il est crucial de reconnaître ces impacts pour pouvoir prendre des mesures appropriées. En utilisant des stratégies de gestion du stress et en renforçant l'estime de soi, vous pouvez atténuer les effets négatifs des relations toxiques et améliorer votre bien-être général. N'oubliez pas que vous méritez des relations saines et épanouissantes.

Chapitre 5 : Stratégies pour faire face aux personnes toxiques

Faire face à des personnes toxiques peut être extrêmement difficile et épuisant. Cependant, il est crucial d'apprendre des stratégies efficaces pour gérer ces interactions, protéger son bien-être et maintenir des relations saines. Ce chapitre se concentre sur les techniques de communication assertive, la mise en place de limites claires, la gestion des conflits et des confrontations, et offre des exercices pratiques et des études de cas pour illustrer ces concepts.

Techniques de communication assertive

L'assertivité est la clé pour gérer les interactions avec des personnes toxiques. Elle permet d'exprimer clairement ses besoins et ses limites sans être agressif ou passif. Voici quelques techniques de communication assertive :

Énoncer clairement vos besoins : Utilisez des phrases claires et directes pour exprimer vos besoins et attentes. Par exemple, "Je préfère que tu me parles avec respect." Cette approche permet de clarifier vos attentes sans ambiguïté.

Utiliser des affirmations "je" : Formulez vos phrases en commençant par "je" pour éviter de paraître accusateur. Par exemple, "Je me sens mal à l'aise quand tu me critiques en public." Cela permet de se concentrer sur vos sentiments et expériences, ce qui réduit la probabilité de conflits.

Rester calme et posé : Maintenez un ton de voix calme et une posture ouverte pour éviter d'escalader la situation. Par exemple, "Je comprends que tu sois frustré, mais parlons-en calmement." Cela aide à garder la discussion constructive et respectueuse.

Exemples de dialogues assertifs :

Au travail :

- "Je comprends que tu aies des suggestions pour améliorer notre projet, mais j'aimerais que tu les formules de manière constructive plutôt que de critiquer directement mon travail."

Dans les relations amicales :

- "J'apprécie ton opinion, mais je préfère prendre mes propres décisions concernant ma carrière."

Dans la famille :

- "Je suis reconnaissant de ton souci, mais je souhaiterais que tu respectes mes choix de vie."

Dans les relations amoureuses :

- "Je me sens respecté lorsque mes limites sont respectées. J'aimerais que nous discutions de manière calme et respectueuse."

Poser des limites

Il est crucial d'établir des limites claires avec les personnes toxiques pour protéger votre bien-être. Voici comment poser des limites efficaces :

Définir vos limites : Réfléchissez à ce que vous êtes prêt à accepter et à ce que vous ne tolérerez pas. Écrivez ces limites pour les avoir clairement en tête. Par exemple, "Je ne tolérerai pas les insultes" ou "Je ne permettrai pas que quelqu'un envahisse mon espace personnel."

Communiquer vos limites : Informez la personne de vos limites de manière directe et respectueuse. Par exemple, "Je ne tolérerai pas les insultes. Si cela continue, je mettrai fin à cette conversation." Communiquer vos limites permet à l'autre personne de savoir exactement ce que vous attendez.

Maintenir vos limites : Soyez ferme dans le maintien de vos limites. Si la personne les franchit, appliquez les conséquences que vous avez définies. Par exemple, "Si tu continues à me critiquer, je vais partir." Il est important de montrer que vous êtes sérieux et cohérent dans l'application de vos limites.

Exemple de dialogue pour poser des limites :
- "Je comprends que tu sois en colère, mais je ne tolérerai pas que tu me parles sur ce ton. Si tu continues, je mettrai fin à cette conversation."

Gérer les confrontations et les conflits

Voici quelques stratégies pour gérer les conflits avec des personnes toxiques :

Rester calme : Gardez votre sang-froid et évitez de réagir de manière émotive. Prenez de profondes respirations pour vous aider à rester calme. Par exemple, "Prenons quelques minutes pour nous calmer avant de continuer cette discussion."

Éviter l'escalade : Ne laissez pas la conversation devenir une confrontation inutile. Si la situation dégénère, proposez de reprendre la discussion plus tard. Par exemple, "Je pense qu'il serait mieux de parler de cela plus tard, quand nous serons tous les deux plus calmes."

Détourner la conversation : Changez de sujet si la discussion devient trop toxique. Utilisez des phrases comme "Je préfère ne pas discuter de cela maintenant." Cela permet de désamorcer la situation et de prévenir les conflits inutiles.

Tableau des stratégies et techniques :

Stratégie	Description	Exemple
Communication assertive	Exprimer clairement ses besoins	"Je me sens respecté quand tu m'écoutes."
Poser des limites	Établir des frontières claires	"Je ne tolérerai pas les insultes."
Gérer les confrontations	Éviter les réactions émotionnelles	"Restons calmes et parlons plus tard."
Détourner la conversation	Changer de sujet pour éviter l'escalade	"Parlons de cela plus tard, quand nous serons tous les deux calmes."

Exercices pratiques

Pratiquer l'assertivité :
- **Entraînez-vous à formuler des phrases assertives :** Effectuez cet exercice devant un miroir ou avec un ami de confiance. Utilisez des affirmations "je" et maintenez un ton calme. Par exemple, "Je me sens frustré quand mes idées ne sont pas prises en compte."

Établir des limites :
- **Dressez une liste de vos limites personnelles :** Notez comment vous les communiquerez et les conséquences si elles sont franchies. Par exemple, "Je ne tolérerai pas les

appels téléphoniques après 22 heures. Si cela se produit, je mettrai mon téléphone en mode silencieux."

Simulations de confrontation :

- **Simulez des situations de confrontation :** Effectuez cet exercice avec un ami ou un thérapeute. Pratiquez les techniques de communication assertive et de gestion des conflits. Par exemple, "Simulons une situation où tu critiques mon travail de manière injuste, et je vais pratiquer ma réponse assertive."

Études de cas supplémentaires

Étude de cas : Claire et son collègue toxique

Claire travaille avec un collègue, Marc, qui est très critique et dévalorisant. Claire a décidé de poser des limites claires avec Marc. Lorsqu'il a commencé à la critiquer lors d'une réunion, Claire a calmement dit : "Je préfère que nous discutions de manière constructive. Tes critiques ne sont pas utiles dans cette situation." Marc a tenté de continuer, mais Claire a maintenu sa position et a répété sa limite. Avec le temps, Marc a commencé à modérer son comportement.

Analyse :

- **Comportement toxique :** Critique constante et dévalorisation.
- **Stratégie utilisée :** Communication assertive et poser des limites.
- **Impact :** Marc a commencé à modérer son comportement après que Claire a maintenu ses limites de manière ferme et respectueuse.

Étude de cas : Luc et son partenaire contrôlant

Luc est en couple avec quelqu'un qui essaie de contrôler ses décisions et ses interactions sociales. Luc a décidé d'établir des limites claires et de les communiquer. Lors d'une discussion, il a dit : "Je comprends que tu t'inquiètes, mais j'ai besoin de faire mes propres choix. Je ne tolérerai pas que tu me contrôles." Son partenaire a d'abord résisté, mais Luc a maintenu ses limites et a insisté sur l'importance de son indépendance.

Analyse :

- **Comportement toxique :** Contrôle excessif.
- **Stratégie utilisée :** Poser des limites et communication assertive.
- **Impact :** Luc a renforcé son indépendance et son partenaire a commencé à respecter ses limites après une résistance initiale.

Conclusion

Gérer les interactions avec des personnes toxiques est un défi, mais en utilisant des stratégies de communication assertive, en posant des limites claires et en gérant les confrontations de manière calme et posée, il est possible de protéger son bien-être et de maintenir des relations plus saines. Les exercices pratiques et les études de cas fournissent des outils concrets pour appliquer ces stratégies dans votre vie quotidienne. N'oubliez pas que vous méritez d'être traité avec respect et dignité dans toutes vos relations.

Chapitre 6 : Prendre des mesures pour se protéger

La protection contre les personnes toxiques ne se limite pas à reconnaître les comportements nuisibles et à établir des limites. Elle implique également de prendre soin de soi-même et de développer une résilience émotionnelle pour maintenir un bien-être durable. Ce chapitre explore l'importance de l'auto-soin, des stratégies pour demander de l'aide et des méthodes pour se détacher émotionnellement et physiquement des influences toxiques.

L'importance de l'auto-soin et de la résilience émotionnelle

L'auto-soin est essentiel pour préserver votre bien-être physique, mental et émotionnel. Voici quelques stratégies clés pour prendre soin de vous :

Prendre du temps pour soi : Il est crucial de s'engager dans des activités qui vous plaisent et vous détendent. Cela peut inclure la lecture, la pratique d'un hobby, ou simplement passer du temps dans la nature. Ces activités vous permettent de vous reconnecter avec vous-même et de réduire le stress.

Exemple concret : Marie a récemment quitté une relation toxique et se sent épuisée émotionnellement. Elle a décidé de créer un plan d'auto-soin pour se reconstruire. Son plan inclut des séances de yoga trois fois par semaine, des promenades en nature le week-end et une heure de lecture chaque soir avant de se coucher.

Pratiquer la pleine conscience : Utilisez des techniques de méditation et de respiration pour réduire le stress et rester présent dans le moment.

La pleine conscience aide à calmer l'esprit, à diminuer l'anxiété et à améliorer la clarté mentale.

Exemple concret : Jacques travaille dans un environnement professionnel très stressant. Pour gérer son stress, il a commencé à pratiquer la méditation tous les matins pour se recentrer avant de commencer sa journée. Il a également rejoint un groupe de soutien pour les professionnels en burn-out.

Établir des routines de bien-être : Créez des routines quotidiennes qui incluent de l'exercice physique, une alimentation saine et des moments de relaxation. Ces habitudes renforcent votre résilience émotionnelle et améliorent votre santé globale.

Exemple concret : Sophie, après une journée stressante, prend le temps chaque soir de faire une promenade de 30 minutes et de pratiquer une routine de yoga avant de se coucher. Ces habitudes lui permettent de se détendre et de mieux gérer le stress.

Demander de l'aide et obtenir du soutien

Il est important de ne pas affronter les personnes toxiques seul. Voici comment obtenir le soutien dont vous avez besoin :

Parler à un professionnel : Les thérapeutes et conseillers peuvent fournir un soutien précieux. Ils peuvent vous aider à comprendre vos expériences, à développer des stratégies pour y faire face, et à renforcer votre résilience émotionnelle.

Exemple concret : Marie consulte un thérapeute une fois par semaine pour discuter de ses progrès et obtenir des conseils sur la gestion de son stress et de ses émotions.

Rejoindre des groupes de soutien : Partager vos expériences avec d'autres personnes qui vivent des situations similaires peut être réconfortant et offrir de nouvelles perspectives. Les groupes de soutien fournissent un espace sûr pour échanger des conseils et du soutien.

Exemple concret : Jacques a rejoint un groupe de soutien pour les professionnels en burn-out. Lors des réunions hebdomadaires, il partage ses expériences et reçoit des conseils de personnes qui comprennent ses défis.

Se détacher émotionnellement et physiquement
Parfois, il est nécessaire de se distancer des personnes toxiques pour protéger votre bien-être. Voici comment le faire :

Prendre de la distance physique : Limitez vos interactions avec la personne toxique. Cela peut signifier réduire les contacts en personne, les appels téléphoniques ou les échanges par message. Créer une distance physique permet de réduire l'influence négative de la personne sur votre vie quotidienne.

Exemple concret : Emma a un collègue toxique qui critique constamment son travail. Elle a décidé de limiter les interactions avec ce collègue en évitant les discussions inutiles et en se concentrant sur ses propres tâches.

Détachement émotionnel : Apprenez à ne pas laisser les comportements toxiques vous affecter émotionnellement. Pratiquez des techniques de gestion émotionnelle et de pleine conscience pour rester centré sur vous-même. Le détachement émotionnel implique de reconnaître les comportements nuisibles sans les laisser influencer votre humeur ou vos actions.

Exemple concret : Marc vit avec un membre de la famille qui critique sans cesse ses choix de vie. Il a appris à utiliser des techniques de méditation et de respiration profonde pour ne pas se laisser affecter par ces critiques et à rester concentré sur ses propres objectifs.

Tableau des ressources et étapes pour se protéger

Mesure	Description	Exemple
Auto-soin	Activités pour réduire le stress	Yoga, lecture, promenade
Soutien professionnel	Parler à un thérapeute	Consultation hebdomadaire
Détachement physique	Limiter les interactions	Réduire les réunions sociales
Détachement émotionnel	Ne pas se laisser affecter	Techniques de méditation

Exercices pratiques

Création d'un plan d'auto-soin :
- **Élaborez un plan d'auto-soin hebdomadaire :** Incluez des activités pour votre bien-être physique, émotionnel et mental. Assurez-vous d'inclure du temps pour la relaxation, l'exercice et les hobbies.
  - **Exemple :** "Chaque semaine, je ferai trois séances de yoga, une promenade en nature le week-end et une heure de lecture chaque soir."

Techniques de méditation et de respiration :
- **Pratiquez des techniques de méditation et de respiration profonde chaque jour :** Prenez au moins 10 minutes chaque

matin ou soir pour vous concentrer sur votre respiration et réduire le stress.

- o **Exemple :** "Je commencerai chaque journée par 10 minutes de méditation pour mieux gérer le stress."

Recherche de soutien :

- **Faites une liste des personnes de confiance dans votre vie à qui vous pouvez parler :** Identifiez également des groupes de soutien ou des thérapeutes que vous pouvez contacter pour obtenir de l'aide.
  - o **Exemple :** "Je parlerai à mon ami proche chaque semaine pour discuter de mes sentiments et je rejoindrai un groupe de soutien en ligne pour les personnes ayant vécu des relations toxiques."

Études de cas supplémentaires

Étude de cas : Marie et son plan d'auto-soin

Marie a récemment quitté une relation toxique et se sent épuisée émotionnellement. Elle a décidé de créer un plan d'auto-soin pour se reconstruire. Son plan inclut des séances de yoga trois fois par semaine, des promenades en nature le week-end et une heure de lecture chaque soir avant de se coucher. Elle consulte également un thérapeute une fois par semaine pour discuter de ses progrès.

Analyse :

- **Stratégie utilisée :** Auto-soin, soutien professionnel.
- **Impact :** Marie se sent plus détendue et retrouve progressivement son équilibre émotionnel. La thérapie l'aide à traiter ses émotions et à établir des limites avec les personnes toxiques de son passé.

Étude de cas : Jacques et son groupe de soutien

Jacques travaille dans un environnement professionnel très stressant où il doit constamment faire face à un supérieur toxique. Pour gérer son stress, Jacques a rejoint un groupe de soutien pour les professionnels en burn-out. Lors des réunions hebdomadaires, il partage ses expériences et reçoit des conseils de personnes qui comprennent ses défis. Il a également commencé à pratiquer la méditation tous les matins pour se recentrer avant de commencer sa journée.

Analyse :

- **Stratégie utilisée :** Soutien de groupe, techniques de méditation.
- **Impact :** Jacques se sent moins isolé et plus soutenu dans son environnement professionnel difficile. La méditation quotidienne l'aide à gérer son stress et à rester concentré.

Conclusion

Prendre des mesures pour se protéger contre les personnes toxiques est essentiel pour maintenir votre bien-être. L'auto-soin, la résilience émotionnelle, la recherche de soutien et le détachement physique et émotionnel sont des stratégies clés pour vous aider à surmonter les effets négatifs des relations toxiques. En adoptant ces pratiques, vous pouvez améliorer votre santé mentale, renforcer votre résilience et créer un environnement plus sain et plus épanouissant pour vous-même. N'oubliez pas que vous méritez des relations qui vous respectent et vous soutiennent.

Chapitre 7 : Restaurer et reconstruire après une relation toxique

Se remettre d'une relation toxique est un processus long et souvent difficile. Les effets de telles relations peuvent être profonds, affectant à la fois la santé mentale et physique. Il est essentiel de prendre le temps de guérir, de reconstruire sa confiance en soi et d'apprendre à établir des relations saines. Ce chapitre offre des étapes détaillées pour le processus de guérison, des stratégies pour renforcer l'estime de soi, et des conseils pour établir des relations positives à l'avenir.

Processus de guérison et de récupération

Guérir après une relation toxique nécessite de la patience et du temps. Voici quelques étapes essentielles pour faciliter ce processus :

Reconnaître la douleur : Il est crucial de reconnaître et d'accepter la douleur que vous ressentez. N'essayez pas de réprimer ou de minimiser vos émotions. Écrire dans un journal peut être une méthode efficace pour exprimer vos sentiments. Noter vos pensées et émotions vous permet de clarifier vos expériences et de suivre votre progression émotionnelle.

Exemple concret : Après avoir quitté une relation toxique, Marie a décidé de tenir un journal. Chaque jour, elle y consigne ses sentiments, ses frustrations et ses moments de joie. Cette pratique l'aide à mieux comprendre ses émotions et à voir ses progrès au fil du temps.

Chercher du soutien : Il est important de ne pas affronter cette période de guérison seul. Parler de vos expériences avec des amis de confiance ou des professionnels peut offrir un soutien émotionnel précieux. Rejoindre des groupes de soutien, où vous pouvez partager vos expériences avec d'autres personnes qui ont vécu des situations similaires, peut également être bénéfique.

Exemple concret : Jacques, après avoir quitté une relation toxique, a rejoint un groupe de soutien pour les personnes ayant vécu des relations abusives. Ces réunions hebdomadaires lui offrent un espace pour partager ses expériences et recevoir des conseils et du soutien de personnes compréhensives.

Pratiquer l'auto-compassion : Soyez gentil avec vous-même et évitez l'autocritique. Comprenez que la guérison est un processus qui prend du temps. L'auto-compassion signifie vous traiter avec la même gentillesse et compréhension que vous offririez à un ami proche.

Exemple concret : Anna, en cours de guérison d'une relation toxique, se rappelle chaque jour qu'elle mérite le respect et la gentillesse. Elle pratique des affirmations positives et se félicite pour ses progrès, même les plus petits.

Renforcer l'estime de soi et la confiance en soi
Il est essentiel de reconstruire votre confiance en vous-même après une relation toxique. Voici quelques stratégies pour y parvenir :

Pratiquer l'auto-compassion : Traitez-vous avec gentillesse et compréhension. Rappelez-vous que vous méritez d'être heureux et respecté. L'auto-compassion implique de reconnaître vos luttes sans vous juger durement et de vous offrir le même soutien que vous offririez à un ami.

Exemple concret : Lucas, après une thérapie, a appris à se traiter avec plus de compassion. Il utilise des affirmations quotidiennes pour renforcer son estime de soi et se rappeler de sa valeur.

Fixer des objectifs personnels : Travailler sur des projets qui vous passionnent et qui renforcent votre confiance peut être extrêmement bénéfique. Établissez des objectifs réalisables et célébrez chaque succès. Ces objectifs peuvent être petits ou grands, mais ils doivent être spécifiques, mesurables, atteignables, pertinents et temporels (SMART).

Exemple concret : Sophie a décidé de reprendre ses études après avoir quitté une relation toxique. Elle a fixé des objectifs clairs, comme terminer un cours en ligne chaque mois, et célèbre chaque accomplissement, ce qui renforce sa confiance en ses capacités.

Construire des relations saines et positives

Apprendre à identifier et à établir des relations positives est essentiel pour éviter de retomber dans des schémas toxiques. Voici quelques conseils pour y parvenir :

Chercher des personnes bienveillantes : Entourez-vous de personnes qui vous soutiennent et vous respectent. Recherchez des relations basées sur la confiance mutuelle et le respect. Les personnes bienveillantes sont celles qui apprécient votre compagnie sans juger, qui offrent un soutien sincère et qui respectent vos limites.

Exemple concret : Lucas a rejoint un club de lecture où il a rencontré des personnes partageant les mêmes intérêts. Il a développé des amitiés basées sur le respect mutuel et le soutien, ce qui a transformé ses interactions sociales de manière positive.

Établir des bases solides : Commencez les nouvelles relations avec des limites claires et une communication ouverte. Soyez honnête et transparent sur vos besoins et attentes. Il est important d'établir dès le début des relations les comportements que vous considérez acceptables et ceux qui ne le sont pas.

Exemple concret : Laura, après une relation difficile, a appris à être plus directe dans ses nouvelles relations. Dès les premiers échanges, elle parle ouvertement de ses attentes et des limites qu'elle souhaite respecter, ce qui facilite des relations plus saines et respectueuses.

Tableau des étapes de la guérison et de la reconstruction

Étape	Description	Exemple
Reconnaître la douleur	Accepter et exprimer ses émotions	Écrire un journal de ses sentiments
Chercher du soutien	Parler à des amis ou à un professionnel	Rejoindre un groupe de soutien
Renforcer l'estime de soi	Pratiquer l'auto-compassion et fixer des objectifs	Commencer un nouveau hobby, faire du bénévolat
Construire des relations saines	Établir des bases solides avec des limites claires	Communiquer ouvertement dès le début d'une relation

Exercices pratiques

Journal de guérison :

- **Tenez un journal quotidien :** Consignez vos sentiments, vos progrès et vos réflexions. Utilisez ce journal pour suivre votre parcours de guérison et exprimer vos émotions.

o **Exemple** : "Aujourd'hui, je me suis senti(e) triste en repensant à ma relation passée, mais j'ai aussi ressenti de la gratitude pour les amis qui me soutiennent."

Fixation d'objectifs personnels :

- **Établissez des objectifs personnels à court et à long terme** : Assurez-vous que ces objectifs sont spécifiques, mesurables, atteignables, pertinents et temporels (SMART). Célébrez chaque succès, même les plus petits.
  - o **Exemple** : "Mon objectif à court terme est de terminer un livre que j'ai commencé, et à long terme, je veux apprendre une nouvelle langue."

Évaluation des relations :

- **Faites une évaluation de vos relations actuelles** : Identifiez les relations positives et celles qui peuvent être améliorées. Déterminez les actions nécessaires pour renforcer les relations positives et établir des limites avec les relations potentiellement toxiques.
  - o **Exemple** : "Je vais passer plus de temps avec des amis qui me soutiennent et réduire les interactions avec des collègues négatifs."

Études de cas supplémentaires

Étude de cas : Anna et son processus de guérison

Anna a quitté une relation toxique il y a six mois. Pour guérir, elle a commencé à écrire dans un journal tous les jours. Elle y exprime ses sentiments, ses peurs et ses espoirs. Anna a également rejoint un groupe de soutien pour les survivants de relations abusives, où elle partage ses expériences et reçoit du soutien. Elle a fixé des objectifs personnels, comme reprendre ses études et se concentrer sur sa carrière. Anna a également commencé à pratiquer la méditation pour se recentrer et trouver la paix intérieure.

Analyse :

- **Stratégies utilisées :** Journal de guérison, groupe de soutien, fixation d'objectifs personnels, méditation.
- **Impact :** Anna se sent progressivement plus forte et plus en paix avec elle-même. La méditation l'aide à se recentrer, et le soutien du groupe renforce son sentiment de communauté.

Étude de cas : Lucas et ses nouvelles relations saines

Lucas a toujours eu du mal à établir des relations saines en raison de son passé familial toxique. Après avoir suivi une thérapie, il a appris à identifier les comportements toxiques et à établir des limites claires. Il a rejoint un club de lecture où il a rencontré des personnes partageant les mêmes intérêts. Lucas a développé des amitiés basées sur le respect mutuel et le soutien. Il communique ouvertement ses besoins et attentes, ce qui lui permet de construire des relations positives et épanouissantes.

Analyse :

- **Stratégies utilisées :** Thérapie, établissement de limites, recherche de relations basées sur des intérêts communs.
- **Impact :** Lucas a transformé sa vie sociale, créant des relations positives qui enrichissent son quotidien. La thérapie lui a donné les outils nécessaires pour maintenir ces relations saines.

Conclusion

Le processus de guérison après une relation toxique est complexe et demande du temps et des efforts. En reconnaissant la douleur, en cherchant du soutien, en pratiquant l'auto-compassion et en fixant des objectifs personnels, vous pouvez progressivement reconstruire votre estime de soi et votre confiance. Établir des relations saines et positives est également crucial pour éviter de retomber dans des schémas toxiques. En utilisant les exercices pratiques et les stratégies décritesdans ce chapitre, vous pouvez avancer sur la voie de la guérison et de la reconstruction. Rappelez-vous, vous méritez d'être entouré de personnes qui vous respectent et vous soutiennent.

Conclusion

Récapitulatif des points clés abordés dans le livre

Ce livre a exploré de manière exhaustive les dynamiques des relations toxiques et leurs impacts. Voici un récapitulatif des points essentiels abordés :

1. **Comprendre et identifier les personnes toxiques :** Nous avons discuté des différentes caractéristiques des personnes toxiques, notamment la manipulation, le narcissisme, la critique constante et le comportement contrôlant. Reconnaître ces traits est la première étape pour protéger son bien-être.

2. **Impacts négatifs des relations toxiques :** Les relations toxiques peuvent entraîner un stress chronique, une dépression, une fatigue émotionnelle et une diminution de l'estime de soi. Ces effets peuvent avoir des répercussions profondes et durables sur la santé mentale et physique.

3. **Stratégies pour faire face aux personnes toxiques :** Des techniques de communication assertive, la mise en place de limites claires et la gestion des confrontations sont des outils efficaces pour gérer les interactions avec des personnes toxiques. Ces stratégies aident à se protéger et à maintenir son bien-être.

4. **Processus de guérison et de reconstruction :** Il est possible de guérir et de reconstruire sa vie après une relation toxique. Le processus de guérison implique la reconnaissance de la douleur, la recherche de soutien, la pratique de l'auto-compassion et la fixation d'objectifs personnels. La

reconstruction passe par le renforcement de l'estime de soi et l'établissement de relations saines et positives.

Exercice final : Planification des prochaines étapes

Pour vous aider à appliquer les concepts discutés dans ce livre, voici un exercice final pour planifier les prochaines étapes de votre parcours de guérison et de protection contre les personnes toxiques.

1. Identifiez une personne toxique dans votre vie :
- **Liste des comportements toxiques observés :** Notez les comportements spécifiques de cette personne qui ont un impact négatif sur vous. Par exemple, manipulation, critiques constantes, manque de respect des limites.
- **Impact sur votre bien-être :** Décrivez comment ces comportements vous affectent mentalement, émotionnellement et physiquement. Par exemple, stress, anxiété, diminution de l'estime de soi.

2. Notez trois actions que vous pouvez prendre pour établir des limites :
- **Action 1 :** "Je vais réduire les appels téléphoniques avec cette personne à une fois par semaine."
- **Action 2 :** "Je vais exprimer mes besoins de manière assertive en disant, 'Je ne tolérerai pas les critiques constantes.'"
- **Action 3 :** "Je vais éviter les interactions en tête-à-tête et privilégier les rencontres en groupe où je me sens plus soutenu."

3. Élaborer un plan d'auto-soin que vous suivrez régulièrement :

- **Activités de détente :** Incluez des activités qui vous aident à vous détendre et à réduire le stress, comme la méditation, les promenades dans la nature, ou la pratique d'un hobby.
- **Exercice physique :** Planifiez des sessions régulières d'exercice physique, comme le yoga, la course à pied, ou la natation.
- **Moments de relaxation :** Intégrez des moments de relaxation dans votre routine quotidienne, comme lire un livre, écouter de la musique apaisante ou prendre un bain chaud.

4. Listez les ressources de soutien que vous pouvez contacter :

- **Amis et famille :** Notez les noms, les numéros de téléphone et les adresses email des amis et membres de la famille en qui vous avez confiance.
- **Professionnels :** Identifiez des thérapeutes, conseillers ou coachs de vie que vous pouvez consulter. Notez leurs coordonnées et prenez rendez-vous si nécessaire.
- **Groupes de soutien :** Recherchez des groupes de soutien en ligne ou dans votre communauté locale où vous pouvez partager vos expériences et obtenir du soutien.

5. Fixez un objectif personnel pour renforcer votre estime de soi :

- **Exemple d'objectif :** "Je vais apprendre une nouvelle compétence en suivant un cours en ligne."
- **Étapes pour atteindre cet objectif :** Recherchez des cours en ligne dans un domaine qui vous intéresse, inscrivez-vous à un cours, et planifiez des sessions d'étude régulières pour progresser.
- **Célébration des succès :** Célébrez chaque étape franchie vers votre objectif. Par exemple, après avoir terminé un

module de cours, récompensez-vous avec une activité que vous aimez.

Conclusion générale

La route vers la guérison et la reconstruction après une relation toxique est parsemée de défis, mais elle est également riche en opportunités de croissance personnelle et de renouveau. En comprenant les dynamiques des relations toxiques et en adoptant des stratégies pour les gérer, vous pouvez protéger votre bien-être et retrouver un équilibre dans votre vie.

Ce livre vous a fourni les outils et les connaissances nécessaires pour identifier les personnes toxiques, comprendre leurs impacts, et prendre des mesures concrètes pour vous protéger et guérir. N'oubliez pas que vous méritez des relations qui vous respectent et vous soutiennent. En pratiquant l'auto-soin, en cherchant du soutien, et en établissant des relations positives, vous pouvez transformer votre vie et avancer vers un avenir plus sain et plus épanouissant.

Rappelez-vous, chaque petit pas que vous faites vers la guérison est une victoire. Soyez patient avec vous-même et persévérez dans vos efforts. Avec le temps, la résilience et le soutien adéquat, vous pouvez surmonter les effets des relations toxiques et créer une vie pleine de bonheur, de respect et de bien-être.

"Reconnaître une personne toxique est le premier pas vers la libération; s'en éloigner est le chemin vers la guérison."

Annexes

Ressources supplémentaires

Pour approfondir votre compréhension et continuer à développer des stratégies efficaces, voici une sélection de ressources recommandées :

Livres

1. **"Les manipulateurs sont parmi nous"** de Isabelle Nazare-Aga
   - Ce livre explore les différentes formes de manipulation et fournit des outils pour identifier et gérer les manipulateurs dans votre vie. Nazare-Aga offre des exemples concrets et des conseils pratiques pour se protéger des manipulations.
2. **"The Gift of Fear"** de Gavin de Becker
   - Bien que cet ouvrage soit disponible principalement en anglais, il est crucial pour comprendre les mécanismes de la peur et comment ils peuvent vous protéger des personnes dangereuses. De Becker explique comment écouter ses instincts pour éviter les situations potentiellement dangereuses.
3. **"7 règles pour viser la réussite"** de Hût Chi B. Répa
   - Un guide pour établir des objectifs clairs et atteindre la réussite personnelle. Ce livre propose des stratégies pratiques pour renforcer la confiance en soi et surmonter les obstacles.

Groupes de soutien

Recherchez des groupes locaux ou en ligne pour partager vos expériences et obtenir du soutien. Participer à des groupes de soutien peut vous offrir un espace sûr pour discuter de vos expériences et apprendre des stratégies d'autres personnes ayant vécu des situations similaires.

Remerciements

Ce livre est le fruit de nombreuses expériences personnelles, de recherches approfondies et de l'influence de nombreuses personnes. Il est le reflet d'un parcours de vie marqué par des défis et des transformations, et il n'aurait pas vu le jour sans le soutien et l'inspiration de ceux qui m'ont accompagné tout au long de ce voyage.

Tout d'abord, je souhaite exprimer ma profonde gratitude à ma famille. À mes parents, qui m'ont inculqué des valeurs de résilience et de courage, et qui ont toujours cru en moi, même dans les moments les plus difficiles.

Un merci spécial à Hût Chi B. Répa pour avoir écrit la préface de ce livre. Votre sagesse, votre vision avant-gardiste et votre humanité ont non seulement enrichi ce livre, mais ont aussi inspiré beaucoup de mes réflexions sur la gestion des relations humaines.

Je tiens également à remercier mes lecteurs. Votre engagement et votre quête de croissance personnelle sont une source d'inspiration constante pour moi. Vos témoignages et vos histoires m'ont touché profondément et m'ont rappelé pourquoi ce travail est si important.

À tous les professionnels de la santé mentale et du bien-être qui m'ont guidé et soutenu, votre expertise et votre compassion ont été des éléments clés dans ma guérison et ma transformation. Merci pour votre dévouement à aider les autres à trouver leur chemin vers la paix et l'épanouissement.

Merci également à mon éditeur, dont la patience et la persévérance ont été essentielles pour la réalisation de ce projet. Votre professionnalisme et votre engagement ont permis de donner vie à ce livre dans les meilleures conditions possibles.

Enfin, je tiens à remercier toutes les personnes toxiques qui ont croisé ma route. Sans vous, je n'aurais pas appris les précieuses leçons qui m'ont permis de grandir et de devenir la personne que je suis aujourd'hui. Votre présence m'a poussé à chercher la lumière dans l'obscurité et à trouver la force de me libérer de vos chaînes.

Ce livre est dédié à tous ceux qui cherchent à se libérer des influences toxiques et à retrouver leur véritable essence. Puissiez-vous trouver dans ces pages l'inspiration, la force et les outils nécessaires pour transformer votre vie et atteindre une paix durable.

Avec toute ma gratitude,

Alexandre Lavoie

Notes

Notes

Notes

....

....

....

Notes

....

....

....

....

....

....

....

....

....

....

....

Notes

....

....

....

....

....

Notes

....

....

....

....

....

....

....

....

....

....

....

....

....

....

....

....

Notes

....

....

....

....

....

....

....

....

....

....

....

....

....

....

....

....

Notes

....

....

....

....

....

....

....

....

....

Notes

Notes

....

....

....

....

....

....

....

....

....

Notes

....

....

....

....

....

....

Notes

....

....

....

....

....

....

....

....

....

....

....

Notes

....

....

....

....

....

....

....

....

....

....

....

....

....

....

....

....

Notes

....

....

....

....

....

....

....

....

....

....

....

....

....

....

....

Notes

....

....

Notes

Notes

Notes

....

....

....

....

....

....

....

....

....

....

....

....

....

....

Notes

Notes

....

....

....

Notes

....

....

....

....

....

....

....

....

....

....

....

....

....

....

....

Notes

....

....

....

....

....

....

....

....

....

....

....

....

....

....

....

Notes

....

....

....

....

....

....

....

....

....

....

....

....

....

....

....

....

Notes

....

....

....

....

....

....

....

....

....

....

....

....

....

....

....

....

Notes

....

....

....

....

....

....

....

....

....

....

....

....

....

....

....

....

....

Notes

....

....

....

....

....

....

....

....

....

....

....

....

....

....

....

Notes

....

....

....

....

....

....

....

....

....

....

....

....

....

....

....

....

Notes

....

....

....

....

....

....

....

....

....

....

....

....

....

....

....

....

Notes

....

....

....

....

....

Notes